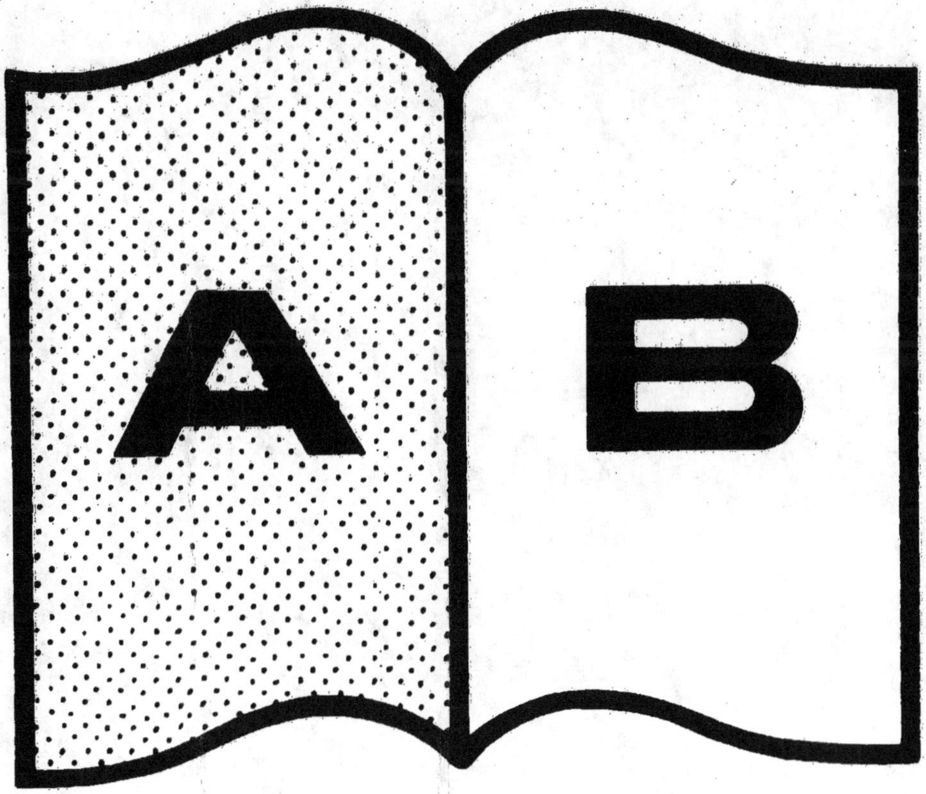

Contraste insuffisant

**NF Z 43**-120-14

# ORGUES-MÉLODIUM

## D'ALEXANDRE PÈRE & FILS

EXPOSITION UNIVERSELLE DE

1855

PARIS

RUE MESLAY 30

V639 V(1)
(C.)

# LES ORGUES-MÉLODIUM

## D'ALEXANDRE PÈRE & FILS.

Exposition universelle de 1855.

PARIS,
Chez ALEXANDRE Père et Fils,
rue meslay, 39.

IMPRIMÉ A PARIS,

**LES DESSINS,**
chez Lemercier, lithographe,
rue de Seine, 57.

**LES TEXTES,**
chez Wittersheim, typographe,
rue Montmorency, 8.

# ORGUES EXPRESSIVES.

## PIANOS-MÉLODIUM. — PIANOS A PROLONGEMENT.

## PIANOS-LISZT.

---

Première partie, par M. Ad. ADAM, membre de l'Institut;

Deuxième partie, par M. FRELON.

# PREMIÈRE PARTIE.

Ce serait une belle œuvre à entreprendre, à laquelle ne manqueraient ni l'émotion, ni l'intérêt, ni l'enseignement, que l'histoire musicale depuis deux siècles; mais pour accomplir ce travail, la patience ne suffirait pas, il faudrait y joindre l'enthousiasme, et l'enthousiasme pourrait fatiguer, s'il n'était encore accompagné d'une foule de qualités que bien peu d'écrivains seraient capables de réunir..... Certes ce ne seraient pas les éléments qui feraient défaut à cette œuvre, pour qu'elle eût le caractère multiple qui convient à tout récit avec lequel on prétend plaire et persuader, être agréable et utile.....

Depuis deux siècles en effet, l'art musical a eu des héros et des martyrs, des luttes, des triomphes et des abaissements, ou plutôt des oublis, à défrayer un poëme épique.

Il y a la mélodie et l'harmonie, il y a Gluck et Piccini, il y a l'école allemande et l'école italienne, il y a de pauvres grands hommes qui meurent ulcérés et misanthropes et d'autres grands hommes qui vivent presque millionnaires et peuvent, ou peu s'en faut, saluer leur statue en marbre de Paros ou en airain de Corinthe. Malgré ce pêle-mêle, l'action marche droite, animée et majestueuse : l'art avance, progresse, arrive.

Bref, au lieu d'un combat qui finisse faute de combattants, c'est une marche triomphale dans laquelle se confondent et s'unissent tous les rivaux, d'autant plus fiers et plus heureux que personne n'a subi l'humiliation de la défaite.

Harmonistes et mélodistes, ceux qui ont la science et ceux qui ont le sentiment, tous s'assemblent dans l'immense concert où chacun fait sa partie, aux applaudissements universels.

Mais cette histoire, si complète qu'on la fît, ne laisserait-elle pas une lacune regrettable, si l'on se contentait de mentionner ceux dont la pensée a charmé le monde, sans tenir compte de ceux qui ont quelquefois agrandi cette pensée en l'interprétant et de ceux qui souvent ont fourni les moyens de la faire éclore? Ne sera-t-il pas juste, à côté des compositeurs, de faire marcher les exécutants? Et ne devra-t-on pas auprès de ceux-ci placer les habiles facteurs à qui ils doivent tant? Et si nous inscrivons sur la même bannière les noms de Beethoven et de Rossini, de Thalberg et de Liszt, ne faut-il pas aussi y faire figurer ceux d'Erard et de Pleyel?

Mais alors le cadre s'agrandit; de même que dans les temps les plus reculés, le roseau est devenu flûte, l'écaille de tortue s'est transformée en lyre ou violon, de même, presque de nos jours, l'épinette est devenue clavecin et le clavecin s'est fait piano; puis, par une transformation étrange, une immense machine qui est un édifice à elle seule, s'est réduite aux proportions de nos demeures; elle est devenue un meuble de nos appartements; l'instrument de Dieu, que Dieu seul pouvait avoir dans ses temples, est devenu le commensal de l'artiste et son compagnon de chaque instant... Mais par quel étrange chemin en est-il venu à ce point? C'est d'abord un joujou, un instrument agaçant, narquois, taquin entre les lèvres du gamin de Paris... puis soudain, que dis-je, soudain! c'est au contraire à force d'énergique persévérance et de patiente observation qu'il devient le porte-voix de l'hymne à Dieu, un admirable orchestre sous les mains de l'artiste : frère cadet de la guimbarde, il quitte la fête du village pour s'implanter au salon et au temple, il se transforme en frère jumeau de l'orgue d'église. Il y aurait tout un poëme à écrire là-dessus; mais je ne suis pas un Homère et je ne ferai pas ce poëme. Sans essayer d'écrire cette vaste histoire à laquelle il faudrait vouer autre chose que l'activité partagée d'une vie trop occupée ailleurs, j'essaierai de donner un aperçu de l'histoire de l'art musical à notre époque, en faisant la monographie d'un instrument; cet instrument, ce sera l'*orgue expressif*, le Mélodium.

En effet, pour que cette notice ait le caractère général et le but élevé que j'aurais l'ambition de lui donner, il faut que l'instrument dans lequel se personnifie l'art musical moderne, remplisse de nombreuses et importantes conditions. Il faut que ce soit un instrument à clavier, un orgue, et qu'il puisse remédier à la monotonie qu'il produirait, réduit à de petites proportions, autrement que par la multiplicité des claviers et des registres; il faut qu'il soit l'expression vraie du sentiment de l'artiste; il faut que son emploi soit facile, populaire, universel; il faut qu'il ait aidé à la diffusion de l'art, en le mettant à la portée de tous. Il faut enfin que ce soit non-seulement un instrument d'harmonie; il faut encore et surtout qu'il se prête à la mélodie, en se rapprochant du type éternel et parfait de tout instrument de musique : la voix humaine.....

Voilà pourquoi j'ai choisi le *Mélodium;* citer l'instrument, c'est déjà parler de ceux qui l'ont rendu si parfait, c'est nommer MM. ALEXANDRE père et fils.

Il appartenait au xix⁰ siècle, qui sut mieux que tous les autres mettre la matière au service de la pensée, associer l'art et l'industrie pour le plus grand profit et le plus rapide progrès de chacun des deux, de résoudre un problème insoluble jusque-là, de concilier deux éléments qui doivent se prêter un secours mutuel : l'harmonie et la mélodie, la combinaison et le chant, de rendre abordable à tous, applicable par chacun, ce qui, avec les instruments incomplets ou plutôt spéciaux que l'on possédait auparavant, était le monopole de certaines natures privilégiées.

Ce ne fut pas, on le comprend bien, sans de pénibles tâtonnements, sans de nombreuses transformations que naquit l'orgue expressif, mais enfin il est contemporain de ce siècle.

Vers 1810, un amateur d'un génie inventif et persévérant appelait l'Institut à se prononcer sur l'essai qu'il venait de faire d'un petit orgue, au moyen duquel on pourrait obtenir l'expression qu'on avait tenté vainement jusque-là de donner à la grande et puissante voix de l'orgue; quelque imparfait qu'il pût être, ce premier essai était déjà un immense progrès; aussi fut-il accueilli par un rapport favorable de l'Institut, et M. GRENIÉ construisit quelques instruments d'après son nouveau système. Mais il est à peu près impossible qu'une invention sorte de la tête de son auteur armée de toutes pièces, c'est-à-dire, des perfectionnements qui la rendent utilement exploitable... La plupart du temps, ce n'est qu'un germe; il a besoin d'être fécondé, augmenté, mis en œuvre par le temps, la patience, le travail, et le talent qui se l'approprie; c'est à ces conditions seulement qu'une expérience curieuse arrive à obtenir un résultat positif.

Il en fut ainsi de l'instrument qui nous occupe... Si l'anche libre qui fut la clé de voûte de l'orgue expressif de M. GRENIÉ est, depuis, restée la base de *l'Orgue Piano-Mélodium,* ce n'est qu'après avoir subi bien des phases et bien des vicissitudes, à ce point, que ce noble instrument artistique dut descendre à l'état de jouet d'enfant pour obtenir ses premiers succès. — En effet, le système GRENIÉ ne reçut pas en quelque sorte d'application, la faveur du monde musical lui fit défaut, les difficultés d'exécution empêchèrent les artistes de s'y dévouer et la popularité lui manqua. — Cependant en Allemagne on fabriquait sur cette donnée de petits instruments dont la diversité indique l'existence éphémère... On les appela physarmonica, æolodium, etc., etc. L'imitation qui en fut faite en France eut plus de succès et notre illustre facteur d'orgues à tuyaux, M. Cavaillé-Coll, inventa le Poïkilorgue..... mais préoccupé de choses plus importantes pour lui, M. Cavaillé-Coll abandonna cette nouvelle application.

Un spéculateur adroit s'était emparé de l'idée-mère de l'orgue expressif, l'anche libre : il en fit d'abord une sorte de diapason nommé typotone ; puis on joignit à cette lame unique d'autres lames qu'on faisait parler en soufflant dans de petits trous pratiqués dans le bois qui les recouvrait.

C'est le produit avorté de l'orgue expressif, cette application indigne et mesquine de l'anche libre qui sut conquérir la faveur populaire ; c'est de cette humiliante position que durent la relever ceux qui l'estimaient à sa juste valeur.

La réhabilitation ne fut pas soudaine, tant s'en faut ; l'harmonica (c'était le nom définitivement adopté) resta d'abord harmonica, puis devint accordéon.... Quelque infime que fût cet instrument, sa création ne fut pas cependant sans profit pour l'art musical qu'elle tendait à populariser... Aussi l'accordéon fut-il accueilli par un véritable enthousiasme sinon artistique, du moins populaire...

Mais il est des gens auxquels ne suffit pas la vogue commerciale : de ce nombre était M. ALEXANDRE père, qui avait fondé sa maison en 1829 et qui développa et perfectionna sa fabrication par d'heureuses innovations. L'harmonica devenu accordéon s'éleva peu à peu sous les noms de concertina et d'organino jusqu'à sa forme typique, perdue assez longtemps et méconnue sous son nom originaire et pourtant plus vrai *d'orgue expressif*.

Cinq ans après sa fondation, c'est-à-dire en 1834, la maison ALEXANDRE exposait un instrument à deux jeux.

Ces résultats ne suffisaient pas pour satisfaire l'ambition de M. ÉDOUARD ALEXANDRE fils, enfant encore, mais voué déjà à l'art auquel son nom devait plus tard rester indissolublement lié. Son génie inventif rêvait déjà ce qu'il a réalisé depuis... mais *fit fabricando faber :* avant d'inventer, il faut savoir imiter ; c'est le seul moyen d'avancer d'un point donné et de ne pas revenir sur ses pas. Il faut tenir compte de ce qui existe ; c'est à cette condition que les travaux des générations antérieures profitent aux générations qui les suivent. L'artiste industriel qui voudrait créer de lui-même sans étudier ce qu'on a produit avant lui, se préparerait un travail herculéen, puisqu'il devrait tout reconstruire par la force de sa pensée. Il s'exposerait aussi à de singuliers mécomptes, il userait son génie à vouloir deviner ce qui lui était si facile d'apprendre par l'étude, et il risquerait de n'inventer que ce qui aurait déjà été inventé ; le tout pour avoir méconnu la vérité proclamée par Brid'Oison : « *On est toujours le fils de quelqu'un !!* »

Aussi M. Édouard Alexandre se mit-il courageusement à étudier les procédés employés jusqu'alors, ne cherchant d'abord qu'à rendre bon ce qui était médiocre, qu'à faire excellent ce qu'on avait fait bon, qu'à rendre parfait ce qu'on avait produit d'excellent.

Au son dur et nasillard des premières orgues expressives, il fallait substituer la douceur, la suavité, le moelleux des registres, il fallait aussi obtenir *la facilité du clavier*, question si importante pour l'exécutant...

Il y arriva!!

Les instruments sortant de la manufacture Alexandre père et fils passaient pour les meilleurs: chacun les proclamait parfaits, et cependant MM. Alexandre père et fils comprenaient qu'il manquait encore quelque chose pour assurer à l'instrument la popularité dont il jouit aujourd'hui et surtout pour lui conquérir le suffrage exclusif des maîtres.

MM. Alexandre père et fils se mirent donc à perfectionner les timbres et à expérimenter les découvertes nouvelles; après des essais vainement tentés par plusieurs facteurs, l'un d'eux venait d'acquérir un grand titre à la reconnaissance des artistes par l'heureuse application des registres de l'orgue d'église à l'orgue à anche libre.... Par cet ingénieux procédé, l'orgue expressif, doué de plusieurs jeux parlant ensemble ou séparément sur un seul clavier, était constitué en principe.

Dès lors, le public artistique accorda une attention si sympathique et si prononcée au nouvel instrument, que sa fabrication prit une extension considérable. MM. Alexandre père et fils durent fonder un nouvel établissement plus en rapport avec l'importance et le nombre de leurs produits; le siège de leur maison fut transféré boulevard Bonne-Nouvelle, 10.

L'indication de ce fait a une grande importance, car il correspond à une nouvelle phase de l'histoire du Mélodium : sa lutte avec tous les instruments basés sur le même principe et sa victoire décisive.

Les orgues à anches libres avaient un grand défaut : le son arrivait lentement, le temps que mettait le vent à faire vibrer la lame métallique laissait toujours un petit intervalle entre l'attaque de la touche et l'émission du son.

Les morceaux larges convenaient donc parfaitement à l'instrument, mais les mouvements rapides, les détachés étaient à peu près inexécutables.

Un facteur d'orgues des plus intelligents, devenu depuis célèbre, M. MARTIN de Provins, se préoccupait vivement de cette difficulté qu'il surmonta enfin.... C'était le piano qui devait fournir des armes pour vaincre cette difficulté. Les marteaux, au lieu d'attaquer une corde, iraient frapper sur la languette, la feraient parler instantanément, et le vent précédé continuerait le son. Ce système fut nommé par son auteur : PERCUSSION.

Ce fut un résultat immense.

Eh bien! cette découverte risqua fort de rester stérile, elle fut même plusieurs années sans application définitive et peut-être était-elle perdue à jamais, lorsque M. MARTIN eut l'heureuse pensée de l'offrir à MM. ALEXANDRE père et fils. Ceux-ci, en gens expérimentés, reconnurent tout de suite la valeur de l'invention, ils s'attachèrent M. MARTIN de Provins, et appliquèrent son heureuse découverte à leurs instruments. Le Mélodium-Alexandre n'avait plus à craindre de rivalité.

Le domaine déjà si vaste de cet instrument ne connaissait plus de limites : toute musique lui était accessible, même la plus vive et la plus légère. L'orgue, qui naguère ne se prêtait qu'aux *andante*, devenait également apte à interpréter les mouvements les plus rapides. Avec les résultats déjà acquis, tout autre facteur aurait pu ne songer qu'à produire, pour se mettre au niveau des besoins de la consommation et s'assurer une fortune brillante et rapide. C'était certes une ambition avouable; mais elle n'était pas à la hauteur des désirs de MM. ALEXANDRE père et fils. Ces habiles facteurs voulurent non-seulement faire progresser un art dont ils étaient les fervents promoteurs, mais encore, ils ne reculèrent devant aucun sacrifice, pour qu'aucune maison ne pût l'emporter sur la leur.... Ils firent donc tout pour pouvoir réunir à leurs propres perfectionnements ceux que les autres apportaient à l'instrument, et ce résultat fut tel, que bientôt tous les artistes s'enviaient et se disputaient la satisfaction de conscience de faire valoir ceux qui sortaient de leurs ateliers.

L'expression à la main, le prolongement des sons, forment un ensemble qui rend, aujourd'hui, le Mélodium irréprochable.

L'expression à la main gauche est le moyen de remédier à l'inconvénient résultant de la trop grande sonorité des basses, par rapport avec le degré d'intensité des notes supérieures auxquelles est presque toujours confiée l'interprétation des phrases mélodiques.

Le prolongement des notes de l'orgue, sans avoir les mains sur le clavier, est certainement le plus riche effet musical qu'aucun instrument possède. Il permet de reproduire sur un seul instrument, des effets que l'on ne pouvait obtenir qu'à l'aide de cette réunion de tous les instruments que l'on nomme l'orchestre. L'orchestre seul peut, en effet, faire entendre cette double combinaison de sons tenus et liés, et de sons piqués et détachés sur les mêmes notes et au même diapason. Ainsi, l'on trouve souvent dans une partition la disposition suivante : les altos, les cors, les bassons et quelquefois les clarinettes pratiquent des tenues dans l'étendue de plusieurs octaves, pendant que des mélodies ou des dessins parcourent toute l'échelle des sons, passent par-dessus les notes tenues, qui se bornent à accuser l'harmonie sur laquelle sont disposés ces mélodies et ces dessins. Il est facile de se convaincre qu'un tel effet ne peut être obtenu que par la réunion d'un grand nombre d'instruments.

Avant ce progrès réalisé, celui qui aurait proposé d'obtenir un résultat analogue sur un seul instrument et avec un seul exécutant, aurait pu être accusé de formuler une proposition insensée.

Non-seulement nous devons, dans les orgues, d'immenses progrès à MM. ALEXANDRE père et fils, mais encore devons-nous les féliciter pour de nouveaux avantages qu'ils viennent de donner au piano.

S'il est vrai que l'art musical doive en quelque sorte ses premiers progrès à l'orgue, le premier et le plus ancien de tous les instruments à clavier, il est également incontestable que ce que le clavier avait fait pour l'art dès son enfance, il devait le faire encore pour l'art arrivé à sa plus haute expression ; ce que l'orgue a commencé le piano l'a continué. Son usage général a eu une très-grande influence sur l'art de la composition. Les compositeurs non-pianistes sont rangés dans la plus grande exception, et il suffira de citer les noms de Haydn, Mozart, Beethoven, Weber, Herold, Boïeldieu, Rossini, Meyerbeer, Auber, Halevy, Ambroise Thomas, tous excellents pianistes, pour convaincre les plus incrédules que la pratique de cet instrument a dû contribuer, pour une grande part, à la variété et à la richesse des combinaisons qui brillent dans leurs œuvres. Cependant, malgré tous les services que rendait le piano, il n'est pas un artiste qui n'ait regretté qu'il lui manquât la faculté de prolonger les sons, et de même qu'on disait naguère de l'orgue : il lui manque l'expression, de même pourrait-on dire du piano qu'il serait parfait s'il pouvait prolonger des sons. Bien des tentatives ont été faites pour arriver à ce résultat ; la plus heureuse est celle de M. Ed. ALEXANDRE, et ce n'est plus un essai, c'est un fait acquis et complet.

Il est impossible de prévoir toutes les ressources que d'habiles virtuoses sauront tirer de ce moyen nouveau et fécond. Liszt en fut tellement émerveillé qu'il comprit que l'homme qui avait trouvé ce moyen était celui qu'il désirait pour la construction d'un instrument qui fût à la hauteur de son génie et de son talent d'exécution. MM. ALEXANDRE père et fils, qui ne reculent devant aucun sacrifice et aucune difficulté, lorsqu'il s'agit de propager une idée neuve et hardie, construisirent ce chef-d'œuvre qu'on a pu admirer dans leurs salons et qu'ils ont baptisé du nom de Piano-Liszt, pour rendre hommage à l'initiative du célèbre artiste ; et comme si ce magnifique ouvrage n'était pas en quelque sorte le résumé de tous les progrès et de tous les perfectionnements accomplis par la maison ALEXANDRE père et fils.

Comprenant que la vie d'un homme suffit à peine pour être consacrée à l'instrument dont ils ont rêvé la perfection, MM. ALEXANDRE père et fils ont eu le bon esprit de ne pas se faire facteurs de pianos, ils ont pris un excellent instrument d'Erard pour lui appliquer toutes leurs inventions. Si l'importance et la multiplicité même des ressources de ce chef-d'œuvre l'empêchent de devenir populaire, il n'en sera pas moins le principe de deux grandes innovations, le Piano à vibrations prolongées et le Piano-Mélodium.

On peut prédire à ces deux instruments un succès assuré, et dans un temps plus ou moins éloigné, le piano ainsi modifié sera, au piano que nous connaissons, ce que celui-ci a été au clavecin qu'il a détrôné pour le remplacer universellement.

Pour résumer les services rendus à l'art par MM. ALEXANDRE et l'importance de leurs découvertes et de leurs applications, rappelons que toute musique, quelle que soit la grandeur de sa conception, quelque nombreux que soient les moyens d'exécution préparés par le compositeur, doit, pour être accessible à tous, pouvoir se réduire aux ressources d'un instrument à clavier, un piano ou un orgue. Or, à l'un manquait la tenue des sons, ce qui excluait l'interprétation parfaite de la musique harmonique; à l'autre, l'absence d'expression interdisait le plus grand charme que puissent emprunter de ce secours, les phrases mélodiques. Grâce à MM. ALEXANDRE, l'orgue et le piano se sont complétés l'un par l'autre. Réunis ou séparés, ces deux instruments offrent désormais au compositeur des ressources complètes : rien de ce qui sortira de sa pensée ne peut échapper à la possibilité de leur interprétation. N'avais-je donc pas raison de dire, au commencement de cette notice, que l'histoire de l'art à notre époque pouvait se résumer dans la monographie d'un instrument, puisque désormais le nom de MM. ALEXANDRE se rattache également aux perfectionnements de l'orgue et du piano, ces deux interprètes certains de toute pensée musicale?

Si l'enthousiasme artistique, si la reconnaissance de l'art pouvaient s'épancher librement sans qu'on dût les accuser d'être l'expression d'un sentiment d'indulgente camaraderie, je signalerais au jury de l'Exposition, comme digne des plus hautes récompenses dont il est le dispensateur, un établissement à qui l'art et les artistes doivent tant. Mais ne vaut-il pas mieux laisser l'évidence accomplir son œuvre, et l'impartialité éclairée de juges si compétents a-t-elle besoin d'être guidée? Les faits ne parlent-ils pas? Ne voit-on pas tout ce qui est grand et artiste recourir aux ALEXANDRE père et fils, dès qu'il s'agit de construire un instrument? Est-il une commune, un hameau si deshérités, que leur modeste église ne veuille posséder un Mélodium-Alexandre? Est-il un salon musical, un concert de quelque valeur où l'on ne voie figurer ces excellents instruments? Là est le succès, là est le triomphe, là est la preuve de la valeur et du mérite de toutes les inventions, de tous les perfectionnements dont je n'ai pu tracer qu'un rapide aperçu.

Je n'ai examiné que le côté artistique du Mélodium, je laisse à un artiste de talent, M. Frelon, le soin de constater les résultats matériels de ce succès; plus spécial que moi, il a pu suivre et l'instrument et la maison dans toutes leurs péripéties; en voyageant pour l'Orgue-Alexandre, il a pu constater l'immense sensation produite à l'étranger par les instruments de MM. Alexandre et connaître les relations qu'ont su se faire ces habiles facteurs dans les premières cités musicales et commerciales du monde civilisé. Auteur de la meilleure méthode de Mélodium qu'on ait encore publiée, M. Frelon, qui a si bien étudié les perfectionnements et les inventions de MM. Alexandre, qui possède à un degré si éminent les ressources qu'on en peut tirer, leur payera son tribut de reconnaissance comme artiste et comme exécutant, en décrivant plus fidèlement et avec plus de soin que mon temps et peut-être ma capacité ne me permettraient de le faire, tous les détails qui intéressent un établissement dont le nombre et la perfection des produits autorisent à placer le nom de ses fondateurs sur ce sommet où brillent les noms célèbres des Erard, des Pleyel et des Broadwood.

Ad. ADAM,<br>Membre de l'Institut.

# DEUXIÈME PARTIE.

Depuis longtemps voué à l'étude de l'**Orgue expressif** et à son enseignement, chargé pendant plusieurs années de représenter en Angleterre les intérêts artistiques de la maison ALEXANDRE père et fils, nous sommes heureux de pouvoir accepter la mission qui nous est confiée de décrire tous les perfectionnements apportés par cette maison à la facture de l'instrument dont l'histoire vient d'être tracée par la plume si habile de M. ADOLPHE ADAM.

Cette mission toute spéciale, nous l'acceptons, parce que nous avons reconnu que parmi toutes les maisons qui se sont occupées du développement artistique, industriel et commercial de *l'Orgue expressif*, la maison ALEXANDRE père et fils a su réaliser le plus de progrès.

M. AD. ADAM a dit dans quelles larges proportions MM. ALEXANDRE père et fils ont, par leurs travaux, leurs sacrifices et leurs efforts incessants contribué au progrès de l'art musical; combien ils ont agrandi son domaine ; c'était dire quelle haute position ils ont su conquérir à la maison qui porte leur nom.

Il nous reste à faire comprendre les progrès qu'ils ont réalisés dans la partie matérielle de leur œuvre, en décrivant les perfectionnements apportés à l'instrument primitif dont on vient de lire l'histoire, ainsi que l'organisation intérieure et les ressources de cette maison.

Nous écrivons avec la conviction que donne un jugement librement porté sur des œuvres qui sont devenues un élément de supériorité artistique, industrielle et commerciale pour la France; par ces œuvres elle sera dignement représentée à ce congrès universel auquel elle a convié toutes les nations.

La distance qui sépare l'Accordéon du Piano-Liszt existe entre le modeste établissement fondé en 1829 par M. Alexandre père et l'importante manufacture dont les dessins ci-joints peuvent donner une idée.

Ces magasins d'exposition sont de vastes entrepôts qui contiennent, depuis l'Orgue à un jeu, jusqu'au Piano-Liszt, pour plus de 500,000 francs d'instruments prêts à être livrés.

Les matières premières destinées à la fabrication, telles que : les bois de toute espèce, de toutes les essences pour les travaux intérieurs et extérieurs d'ébénisterie ; les peaux et les feutres qui formeront les soufflets et qui recouvriront les soupapes et les marteaux de la percussion ; les cuivres, qui, taillés et polis, se transformeront en anches libres ; l'ivoire et l'ébène qui deviendront d'élégants claviers ; les étoffes qui recouvriront les pédales, et les soieries destinées à renfermer certaines parties de l'instrument en en laissant échapper les sons ; les fers qui, sous des formes multiples, maintiennent réunis le clavier, les sommiers et la soufflerie ; les mille objets de détail qui contribuent à la perfection d'un instrument aussi compliqué dans sa construction qu'il est simple dans son principe ; toutes ces matières premières à l'état brut ou déjà préparées pour être employées sous les formes qui leur conviennent, représentent environ 500 instruments que MM. Alexandre père et fils sont toujours prêts à mettre en fabrication.

Quatre cents ouvriers, divisés en différents ateliers, travaillent sous la direction immédiate de contre-maîtres surveillés et dirigés par un contre-maître chef, M. Frederic Roulet, homme spécial, dont le mérite est aussi grand que la modestie, et qui ne relève que de MM. Alexandre père et fils, qui s'occupent constamment de la direction et de la surveillance supérieures.

Le chiffre annuel des affaires fut, pour la maison fondée en 1829, de 50,000 francs.

Aujourd'hui, en 1855, ce chiffre s'est élevé à 1,500,000 fr. par an, et ce n'est pas le dernier mot de cette industrie toujours croissante.

Pour étendre à la dernière limite possible le commerce de leur maison, MM. Alexandre père et fils n'ont pas reculé devant les sacrifices énormes de dépôts faits dans toutes les parties du monde ; ils ont établi à grands frais des magasins confiés à des correspondants dont la mission est de faire naître et de développer le goût de l'instrument nouveau qui, aujourd'hui déjà, est presque l'instrument universel. Les hôtels, les établissements de bains, les bateaux à vapeur, les salons les plus aristocratiques et les églises les plus riches comme les chapelles les plus pauvres possèdent ou possèderont bientôt un Orgue d'Alexandre.

Et pour que l'Art profite aussi bien que l'Industrie et le Commerce de cette extension immense donnée à une invention encore si nouvelle, MM. Alexandre père et fils ont voulu que chaque artiste ayant su se créer un nom qui fût la garantie de son mérite, pût étudier les ressources si variées de l'Orgue-Mélodium, et qu'il pût apporter, par un travail éclairé et consciencieux, sa part de progrès à l'œuvre commencée si heureusement.

Plus de 150 **Mélodiums, Pianos à prolongement, Pianos-Mélodiums,** sont confiés aux principaux virtuoses et compositeurs de notre époque, tant en France qu'à l'Étranger.

Les études de ces maîtres de l'art ne tarderont pas, sans doute, à donner une grande impulsion à la propagation de l'Orgue expressif dans toutes les branches de la pratique musicale.

Enfin et comme pour compléter leur œuvre en encourageant les travaux des compositeurs, MM. Alexandre père et fils achètent et publient les morceaux écrits pour leurs instruments, et leur catalogue compte, parmi ceux qui y sont inscrits, les plus grands noms de notre époque.

Maintenant que M. A. Adam a résumé la question historique et que nous avons rapidement esquissé les services rendus par MM. Alexandre père et fils à l'Industrie, en créant un établissement qui occupe plus de deux mille bras et fait vivre un nombre considérable de familles ; au Commerce, en forçant la facture étrangère à se reconnaître vaincue dans la lutte et en l'obligeant à se résigner au rôle de **dépositaire** ou à s'abaisser à l'état de **contrefacteur**; maintenant, qu'on nous permette de dire quels services la maison Alexandre père et fils a su rendre à l'Art musical en créant, en quelque sorte, un instrument nouveau dont les progrès et les développements sont dus à leurs sacrifices infatigables.

On a vu quelles ont été les phases différentes des débuts de l'anche libre en France, depuis l'Orgue expressif de M. Grenié, jusqu'à l'application du mécanisme des Registres qui réunit plusieurs instruments en un seul. Mais arrivé à ce degré de perfectionnement, il restait encore beaucoup à faire.

L'Orgue expressif parlait lentement et difficilement ; la **Percussion** vint lui donner la rapidité et le brillant du Piano en empruntant à celui-ci ses marteaux qui, au lieu d'attaquer une corde, viennent attaquer l'**anche libre** et la mettent instantanément en vibration ; l'action du vent, précédée par l'action du marteau, n'a plus qu'à continuer la vibration du son dont l'émission est devenue ferme et précise ; avec la Percussion le son a pris une énergie et une pureté inconnues jusqu'alors à l'anche libre ; il est devenu rond et plein, de grêle et de nasillard qu'il était encore.

La lourdeur et la trop grande puissance des Basses déjà à peu près vaincues par l'effet de

Percussion, disparurent complétement par l'application du registre d'**Expression à la main**.

Ce Registre étant ouvert, l'exécutant peut obtenir tous ces degrés de **Piano** ou de **Forte** qu'il désire, en appuyant plus ou moins sur les touches des **Basses du Clavier** dont le degré d'enfoncement est en rapport avec la pression exercée sur elles; la partie supérieure du Clavier ne participe en rien à cette expression, qui reste complétement indépendante de celle qu'on produit à l'aide des Soufflets et du Registre ordinaire d'**Expression aux pédales**.

Mais le Piano possédait sur l'Orgue expressif un avantage immense, celui de laisser percevoir encore la vibration du son, même après que la touche a été abandonnée par l'exécutant, qui peut combiner de nouveaux effets avec ceux qu'il a déjà produits, par l'emploi de la **Grande Pédale**.

La liberté d'action qui en résulte pour le Pianiste a créé l'**École moderne** dont **Liszt** et **Thalberg** ont été les premiers initiateurs, et dont ils sont encore les plus parfaits interprètes.

Obtenir cette **prolongation du son** de l'Orgue expressif, était un problème si difficile qu'il paraissait insoluble; il fut cependant résolu.

Le charme principal de l'emploi de la grande pédale du Piano consiste dans cette sorte de vapeur sonore, dans cette espèce d'harmonie éolienne qui s'exhale de l'instrument et qui semble planer au-dessus des sons que l'on entend, comme un vague souvenir des sons que l'on n'entend plus.

Mais cet effet, quelque précieux qu'il soit, n'est que bien fugitif et il ne saurait remplacer et encore moins continuer l'expression, dont il n'est qu'une sorte de mirage rétrospectif.

Le **Prolongement** fait à la fois plus et mieux que de conserver le souvenir, il conserve intacte l'impression produite, en permettant de joindre de nouvelles impressions à celle qui persiste dans toute sa puissance.

Il transforme l'**Orgue expressif à Registres** en un véritable orchestre, dont les voix différentes peuvent, sous les doigts du virtuose et à l'aide d'un seul clavier, reproduire toutes les combinaisons possibles de sons soutenus, pendant que les mille dessins inspirés par la science ou par la fantaisie parcourent l'échelle entière des sons.

Un simple coup de genou mettant en mouvement un mécanisme presque invisible suffit à produire cet effet, qui double la valeur de l'instrument primitif.

Deux **Genouillères**, l'une pour les basses, l'autre pour les dessus, attaquées en même temps que l'une ou plusieurs des touches du clavier, permettent aux sons produits par ces touches de se prolonger jusqu'à ce qu'un nouveau coup frappé sur les genouillères vienne les faire cesser.

Le Jeu d'anches spécial qui produit le Prolongement étant complétement indépendant, l'instrumentiste peut, *pendant ce prolongement d'un ou de plusieurs sons*, en faire entendre d'autres dans toutes les parties du clavier et avec les Registres qu'il lui plaît d'employer.

Si le second coup frappé sur les genouillères pour arrêter l'effet de prolongement a lieu en même temps qu'on attaque une ou plusieurs nouvelles touches, on détruit instantanément le premier effet de prolongement pour le remplacer **dans le même moment** par un nouvel effet.

Par ce moyen de simplification d'action, **un seul mouvement** de la genouillère peut faire **cesser et renouveler à la fois** l'effet du prolongement.

Si la pression du genou sur la genouillère est prolongée **sans interruption** pendant qu'a lieu l'attaque successive ou simultanée de plusieurs touches, l'effet de prolongement se produira pendant toute la durée de cette pression; le prolongement se continuera après l'abandon de la genouillère, si on n'a fait que la quitter sans lui imprimer la secousse qui produit et arrête à la fois l'effet de prolongement.

La **Percussion**, l'**Expression à la main** et le **Prolongement** ont porté l'Orgue expressif à son plus haut degré de perfection, élevé encore par une facilité et une légèreté de clavier, dont le **double échappement d'Erard** avait été jusqu'à présent le type unique. Sous ce rapport encore l'**Orgue-Mélodium** de MM. Alexandre père et fils n'a plus rien à envier au Piano.

Parvenu à ce résultat, M. Ed. Alexandre fils voulut appliquer le **Prolongement** au Piano afin de combattre et de détruire la sécheresse de ses sons à peine déguisée par l'action de la grande pédale. Il emprunta le mécanisme de l'Orgue, puis une simple rangée de lames vibrantes, suffisant pour produire cet effet; il n'y a rien de changé à la forme du Piano, qui n'est augmenté, à l'extérieur, que par une troisième pédale, qui doit être mise en mouvement pour alimenter le Soufflet destiné à faire parler le Prolongement.

Dans le **Piano à prolongement**, l'action de la corde et de la lame vibrante est combinée dans de telles conditions de simultanéité et de timbre, que les deux sons n'en forment qu'un seul au moment de l'attaque de la touche, et que la vibration de la corde venant à diminuer d'intensité pour cesser bientôt complétement, le son de l'anche libre qui se prolonge seul, est tellement identique à celui de la corde, qu'il est impossible de supposer que ce prolongement ne soit pas dû à la corde elle-même ; nous devons féliciter M. Ed. Alexandre de ce beau résultat.

L'emploi et l'effet des genouillères étant ici exactement le même que dans l'Orgue-Mélodium, la conséquence de cette application est donc de permettre à l'exécutant de soutenir à un degré de **mezzo-forte** suffisant, le son ou les sons attaqués en même temps que l'une ou l'autre des genouillères, ou que toutes deux à la fois.

Ce système s'adapte à tous les Pianos, de quelque facteur et de quelque forme qu'ils soient, sans la moindre modification extérieure, et moyennant une somme peu élevée.

Enfin, la réunion de tous ces perfectionnements prit une forme nouvelle ; le **Piano-Liszt** devint la synthèse industrielle du nom d'Alexandre. Ce magnifique instrument, réduit à des proportions moins grandioses qui permissent de le rendre d'un usage plus général, donna naissance au **Piano-Mélodium**.

Le **Piano-Mélodium** a deux claviers : le clavier supérieur pour le Piano, le clavier inférieur pour l'Orgue.

Le Piano reste dans ses conditions d'indépendance complète, conservant toute son individualité.

L'Orgue avec plus ou moins de Jeux, selon l'importance que l'on veut donner à l'instrument, n'offre de différence dans ses dispositions extérieures que par la position des Registres, qui sont placés à gauche (pour les Basses) et à droite (pour les Dessus) au niveau du clavier qui conserve son étendue de cinq octaves. Le registre d'**Expression aux pédales** se trouve sous le clavier, et les pédales de la soufflerie restent dans leurs conditions ordinaires.

En un mot, le **Piano-Mélodium** est composé de deux instruments complets, parfaitement indépendants l'un de l'autre, mais qui, par leur rapprochement immédiat, puisque tous deux sont réunis dans une même caisse, offrent des ressources toutes nouvelles par les combinaisons infinies qu'ils permettent à l'exécutant, dont la main gauche sur le Piano peut accompagner la main droite sur l'Orgue, après avoir fait entendre séparément les deux instruments. L'Orgue à son tour peut accompagner de ses sons larges et soutenus les traits légers, rapides et brillants du Piano, et l'on comprend la richesse inépuisable de cette triple combinaison de deux instruments qui, en se prêtant mutuellement leurs qualités individuelles, se complètent admirablement.

Nous ne terminerons pas ce rapide exposé des perfectionnements apportés à **l'Orgue expressif** par MM. ALEXANDRE père et fils, sans les remercier de nous avoir choisi pour le tracer.

Qu'ils nous permettent de les remercier aussi pour les progrès qu'ils ont su accomplir dans cette branche de l'art auquel nous sommes tout dévoué.

C'est un hommage de reconnaissance tout artistique que nous sommes heureux de leur offrir.

L. F. A. FRELON.

# TROISIÈME PARTIE.

Nous devons prévenir le public que nous accordons, en outre des garanties qu'une organisation comme la nôtre peut offrir, toutes celles qu'il plaira à l'acquéreur de demander par écrit, soit pour échanger plus tard son instrument, soit pour obtenir les additions des progrès qui peuvent survenir dans la facture.

Nous croyons utile, pour mettre à même de juger les perfectionnements annoncés, de donner le moyen de les apprécier par **soi-même**; ceci vaudra mieux que tout ce que nous pourrions dire.

| TABLEAU. | INSTRUCTION. |
|---|---|
| I. | I. |
| Chaque **Jeu** doit avoir les sons d'une égalité parfaite comme force et comme timbre. | Pour vérifier l'égalité d'un jeu il faut souffler à VENT ÉGAL (le registre d'*expression aux pédales* étant *fermé* ou *poussé*) et étudier avec soin le timbre et la force de chaque son, comparé au précédent et au suivant, en faisant la gamme chromatique dans toute l'étendue du clavier. |
| II. | II. |
| Chaque **Jeu** doit avoir un timbre spécial, qui lui soit | Il faut répéter sur chacun des jeux une phrase musicale très-courte afin qu'elle puisse servir à comparer les timbres |

| TABLEAU. | INSTRUCTION. |
|---|---|
| propre et qui le distingue absolument de tous les autres en se rapprochant le plus possible de l'instrument auquel il a emprunté son nom. | et à établir leur différence. On devra chercher à jouer cette phrase toujours au même diapason, afin que la comparaison des timbres soit plus facile, et pour cela il faudra bien se rendre compte à l'avance de la hauteur réelle des différents Jeux. |
| III. | III. |
| Les **Soufflets** doivent être faciles à mettre en mouvement; ils doivent fournir largement le vent et le conserver sans perte sensible (le registre d'**Expression** aux **Pédales** étant *poussé* ou *fermé*). | Pour remplir le **Réservoir**, faites mouvoir rapidement et alternativement les pédales qui doivent descendre facilement et sans dureté jusqu'à la position horizontale, et se relever d'elles-mêmes très-vite et sans bruit d'aucune espèce; le Réservoir étant rempli d'air, les pédales doivent résister avec fermeté et sans aucune élasticité à la pression du pied.<br><br>On peut comparer la puissance de deux souffleries différentes en calculant le temps que mettra le vent à s'échapper de chacun des Réservoirs remplis comme nous venons de l'expliquer, si on pose le doigt sur la même touche de chaque clavier en ouvrant le même Registre aux deux Orgues. |
| IV. | IV. |
| La **Soufflerie d'expression** (le registre d'**Expression** aux **pédales** étant *tiré* ou *ouvert*) doit être de la plus grande *sensibilité* possible, afin que chaque degré de force dans la pression du pied sur la pédale se fasse sentir immédiatement dans l'intensité du son. | Avec une bonne **Soufflerie d'expression**, le Réservoir ayant été rempli à l'avance, et un Registre ayant été ouvert, vous devez obtenir le résultat suivant :<br><br>Le doigt étant placé sur une touche, et un son se produisant, ce son devra *cesser instantanément* lorsque vous *ouvrirez* (ou *tirerez*) le registre d'**Expression aux pédales**, pour recommencer à se faire entendre *au moment même* où vous *fermerez* ( ou *pousserez*) le Registre d'*Expression aux pédales*, et cela sans remettre les pieds sur les pédales, le vent devant tenir au moins un quart d'heure dans le Réservoir. |
| V. | V. |
| Les **Registres** doivent être | Les **Registres**, pour être d'un emploi facile, doivent, |

| TABLEAU. | INSTRUCTION. |
|---|---|
| faciles à *ouvrir* ou à *fermer* (c'est-à-dire à *tirer* ou à *pousser*); leur mouvement doit être doux et sans bruit. | après s'être ouverts sans bruit et sans frottement qui en paralyse le mouvement, se refermer rapidement sous une légère pression du doigt. Le choc qui se produit contre la barre qui les porte doit être presque insensible, excepté pour le **Grand Jeu** qui devra toujours être fermé avec soin, en conduisant le bouton de Registre jusqu'à la barre. |
| VI. | VI. |
| Le **Grand Jeu**, un peu plus ferme que chaque Registre isolé, ne doit faire aucun bruit dans ses mouvements *tiré* ou *poussé*. | Ce Registre, qui réunit par un mécanisme intérieur tous les autres Registres et les ouvre ou les ferme simultanément, ne peut être aussi doux que les Registres isolés; son emploi demande plus de précaution pour l'ouvrir ou le fermer bien complétement. |
| VII. | VII. |
| Le **Clavier** doit être doux sans mollesse, ferme sans dureté, élastique sans raideur, et d'une égalité parfaite. | Les qualités du Clavier dépendent à la fois du poids calculé de chaque Touche et de la force de résistance des différents ressorts qu'elle met en mouvement. L'égalité, la netteté du jeu de l'exécutant et l'émission du son dépendant en grande partie de la perfection du Clavier, nous ne saurions trop recommander un examen sérieux de cette qualité indispensable à un bon instrument, qui doit éloigner les ressorts du jeu, que le registre interceptant le vent du soufflet, indique. |
| VIII. | VIII. |
| Les différents **Jeux** doivent tous parler *également facilement*, et avec la moindre pression de vent possible; en tenant compte cependant de la différence de longueur et de largeur des lames qui les composent, leur degré de facilité | Emplissez avec soin le **Réservoir** (le Registre d'*Expression aux pédales* étant fermé) afin d'avoir un vent très-égal et le *moins fort possible;* chaque lame d'un même Jeu doit parler aussi facilement que celle qui la précède ou qui la suit. N'oubliez pas cependant que les n$^{os}$ 3 parlent plus vite que les n$^{os}$ 4; que les n$^{os}$ 4 parlent mieux que les n$^{os}$ 1 et que les n$^{os}$ 2 sont toujours les plus difficiles à mettre en vibration. Observez, surtout, que les *Basses* |

| TABLEAU. | INSTRUCTION. |
|---|---|
| à parler devra suivre cette progression : n°° 5 ; n°° 1 et 4, et enfin les n°° 2 des *Basses* et des *Dessus*. | de chaque Jeu dépensant plus de vent que les Dessus, vous devez proportionner la vitesse du mouvement de Pédales à la gravité des sons produits par les lames que vous examinez. |

## IX.

| | |
|---|---|
| Les **Développements** des diverses parties de l'Orgue (*Clavier*, *Sommier*, *Soufflerie*) doivent être combinés de manière à laisser aborder facilement les plus petites pièces de l'instrument. | Pour qu'il soit facile d'atteindre jusqu'aux plus petites pièces de l'instrument, il faut : 1° que le *châssis* qui supporte le *pupitre* s'enlève entièrement ; — 2° que la table s'ouvre laissant les ressorts du Clavier à découvert ; — 3° que le *châssis* qui supporte le *Clavier* et les *Registres*, s'ouvre et s'élève de manière à laisser complétement à découvert les *Soupapes* et les *charnières des Registres*; — 4° que le *Sommier* s'ouvre pour laisser tous les Jeux (ou rangées de lames) à découvert ; — 5° que le *dessus* du *Soufflet* laisse voir le *dessous des Soupapes* ; — 6° que l'intérieur de la *Chambre à air* puisse également s'ouvrir ; — 7° enfin que tous ces développements puissent avoir lieu exactement comme dans un portefeuille, en n'ayant à ouvrir que des verroux.<br><br>Ces détails sont d'une grande importance pour faciliter l'entretien de l'instrument, en permettant d'enlever la poussière ou les corps étrangers qui pourraient s'être introduits par le Clavier ou par la Soufflerie dans l'intérieur de ses différentes parties. |

## X.

| | |
|---|---|
| Aucun frisement ou vibration étrangère ne doit se mêler aux sons des différents Jeux. | Jouez alternativement et brusquement **Forte** et **Piano** (le Registre d'*Expression aux pédales* étant *ouvert* ou *tiré*), en renouvelant l'expérience sur chaque Jeu et dans toutes les parties de l'étendue du Clavier. |

## XI.

| | |
|---|---|
| Les **Forte**, Registres qui dé- | Recommencez l'expérience indiquée au premier para- |

| TABLEAU. | INSTRUCTION. |
|---|---|
| couvrent les *Basses* ou les *Dessus* de certains *Jeux*, ne doivent jamais changer ni le *timbre* ni la *force* d'autres jeux que celui auquel ils sont affectés. | graphe, en ouvrant et fermant alternativement les **Forte** des n<sup>os</sup> 1 et 2, pour voir s'ils n'altèrent pas le *timbre* ou la *force* des Jeux n<sup>os</sup> 3 et 4.<br>Faites de même avec les **Forte** n<sup>os</sup> 3 et 4 pour examiner les Jeux n<sup>os</sup> 1 et 2. |

## XII.

Les **Basses** doivent être un peu moins puissantes que les **Dessus**, afin de ne jamais les couvrir.

## XII.

Ce défaut commun à tous les Orgues expressifs est corrigé par l'emploi du **Registre d'Expression à la main**, qui, réduisant la dépense de vent des *Basses* sans rien changer à celles de *Dessus*, rétablit l'équilibre et permet même à la Flûte seule, dans certaines conditions, de dominer tous les Jeux réunis à la Basse et employés en accords plaqués. (Voyez l'**Art de l'Orgue expressif**, méthode complète théorique et pratique pour le *Mélodium à Percussion*, à *Expression à la main* et à *Prolongement*, d'ALEXANDRE père et fils, par L. F. A. FRELON, pag. 47 et 52.

## XIII.

Le **Timbre** d'aucun jeu ne doit être cuivré.

## XIII.

La diversité des **Timbres** ne doit pas venir de l'épaisseur des parois du Sommier, ce qui nuirait à la force du Grand Jeu; celui-ci doit toujours être plein, rond et ferme, même dans les *Dessus*, les *Forte* étant ouverts, et la Soufflerie étant employée dans toute sa puissance.

## XIV.

Le **Son** doit être *rond* et *plein* dans les jeux n<sup>os</sup> 1 et 2; il doit être plus *clair* et plus *fin* dans les Jeux n<sup>os</sup> 3 et 4.

## XIV.

Les timbres des n<sup>os</sup> 1 et 2, 3 et 4 peuvent devenir plus mordants en ouvrant les **Forte** qui leur correspondent.

ALEXANDRE PÈRE ET FILS,
*Inventeurs de l'Orgue-Mélodium.*

PARIS. — IMPRIMERIE WITTERSHEIM,
8, RUE MONTMORENCY.

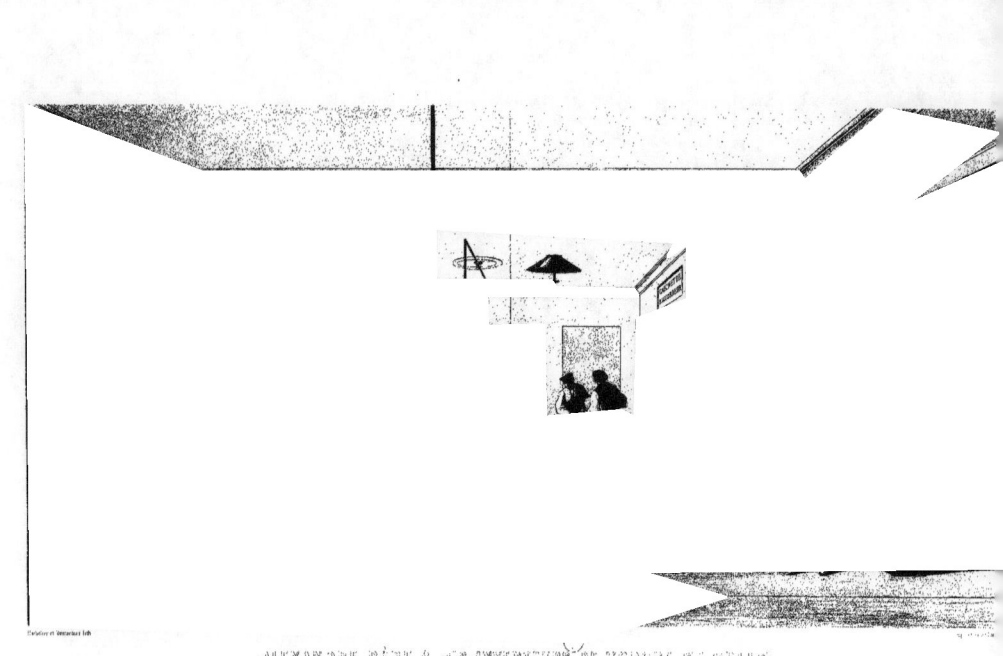

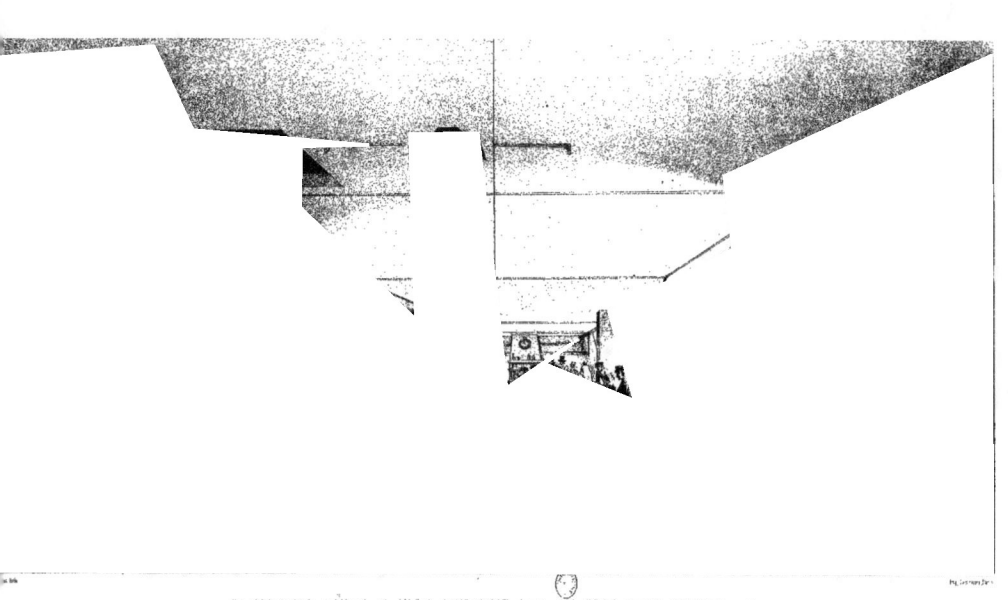

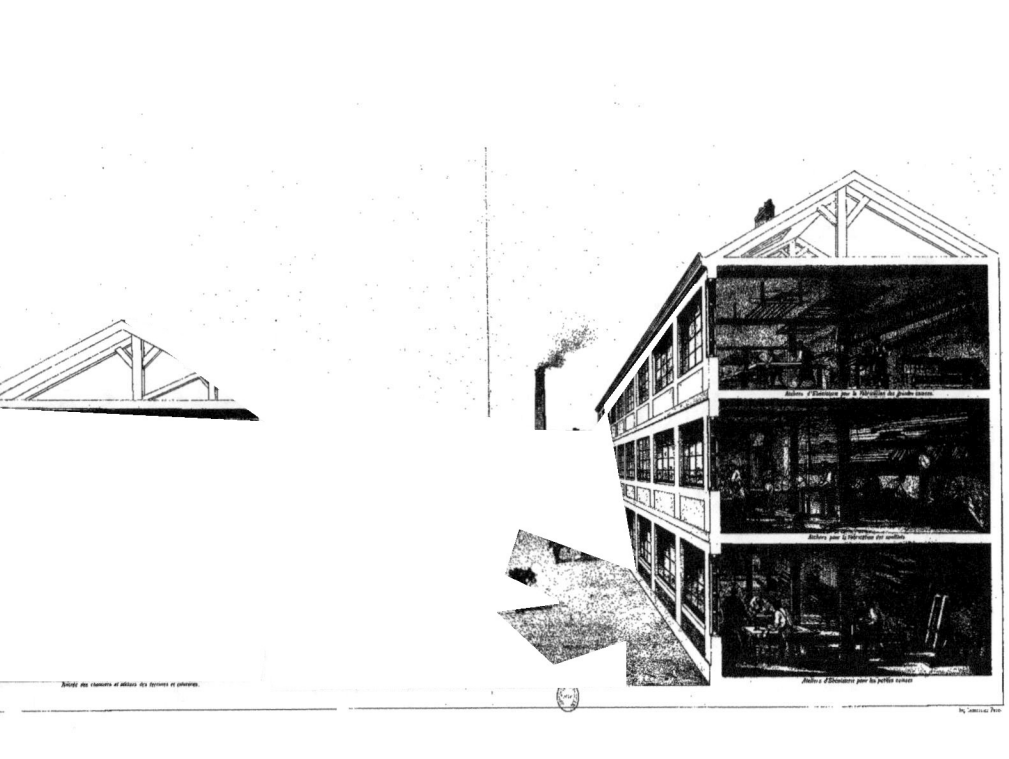

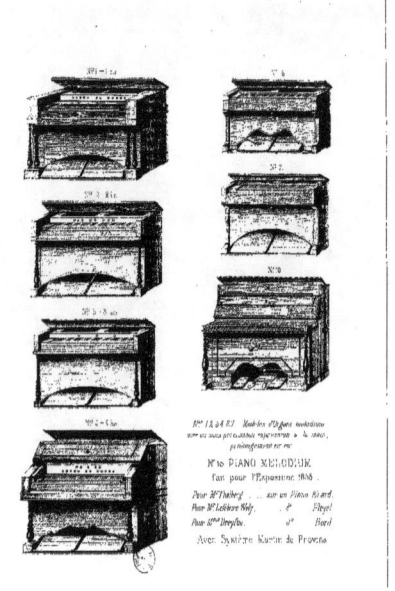 

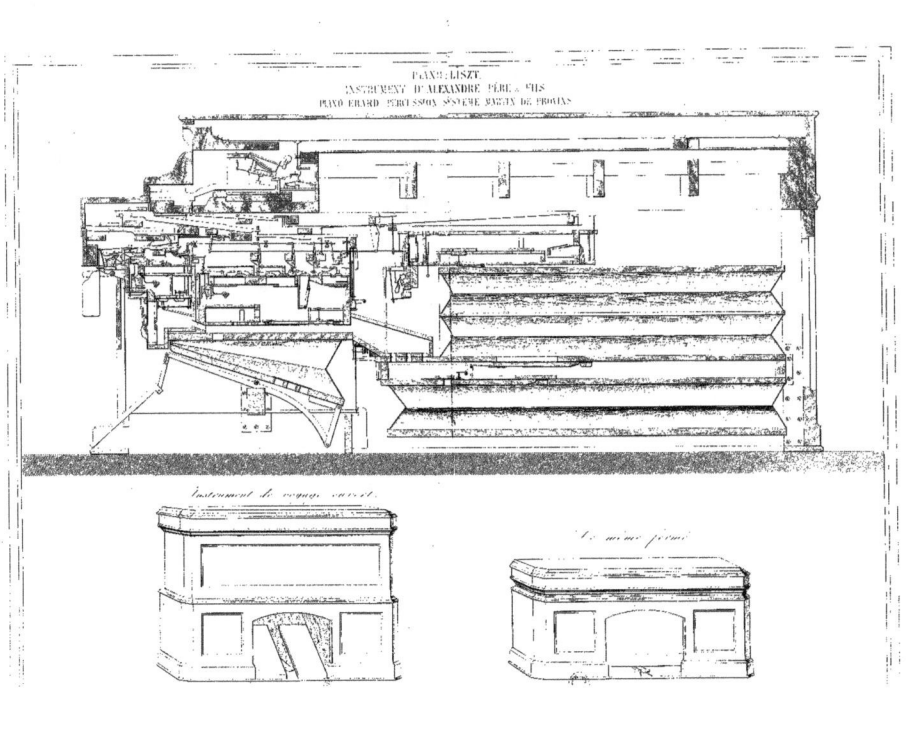

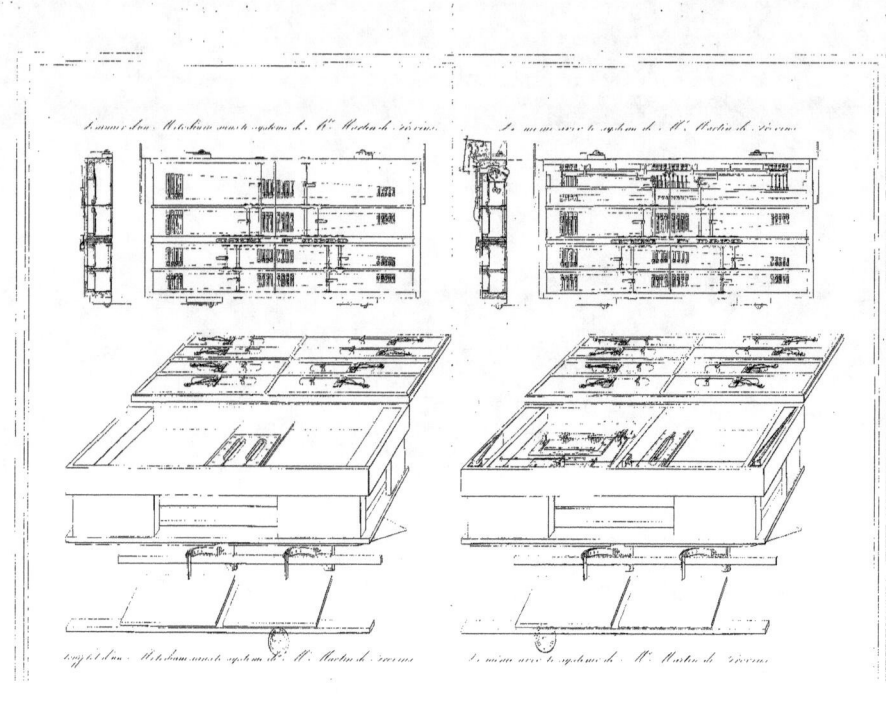

www.ingramcontent.com/pod-product-compliance
Lightning Source LLC
LaVergne TN
LVHW022145080426
835511LV00008B/1276